Ute Kaltwasser
Fotografien von
Csaba Peter Rakoczy

Der Kölner
Dom

zu Fuß

J.P. Bachem Verlag

Bild Umschlag Innenseite:
Ansicht des Doms bei den
Feierlichkeiten anlässlich seines
hundertfünfundsiebzigsten
Geburtstages.

Die Deutsche Bibliothek - CIP-Einheitsaufnahme

Der Kölner Dom zu Fuß.
Ute Kaltwasser; Csaba Peter Rakoczy. -
Köln: Bachem, 2001

ISBN 3-7616-1475-6

1. Auflage 2001
J. P. Bachem Verlag, Köln 2001
Einbandgestaltung und Layout: Heike Unger, Berlin
Reproduktionen: Reprowerkstatt Wargalla GmbH, Köln
Druck: Druckerei J. P. Bachem GmbH & Co. KG, Köln
Printed in Germany
ISBN 3-7616-1475-6

Inhalt

Vorwort	5
1 Der Innendom	6
2 Die neue Schatzkammer	20
3 Die Südturm-Besteigung	34
4 Die Dom-Umgebung	40

Der Dom auf einen Blick

Maße des Doms:
Gesamtlänge außen: 144,58 m
Innenhöhe des Mittelschiffs: 43,35 m
Überbaute Fläche: 71.914 qm
Höhe des Nordturms: 157,38 m
Höhe des Südturms: 157,31 m.

Öffnungszeiten:
Dom: täglich von 6.00 bis 19.30 Uhr
Schatzkammer: täglich von 10.00 bis 17.00 Uhr
Turmbesteigung: täglich von 9.00 bis 17.00 Uhr

Vorwort

Spazierengehen in der Stadt, das altmodische Flanieren, ist immer noch in Mode. Viele tun es mit Begeisterung, in der eigenen Stadt oder in fremden, in denen sie zu Besuch sind. Nicht jeder geht gerne oder immer in der Gruppe auf Besichtigungstouren. Viele möchten ihr Tempo selbst bestimmen und ihre eigenen Schwerpunkte setzen. Ihnen Begleiter zu sein, ist diese Buchreihe geschaffen worden. Auch der Dom und seine Umgebung können allein oder in kleinen Gruppen zu Fuß erlebt werden. Schon die Annäherung von den verschiedenen Seiten wird zum Erlebnis. Zunächst wächst das Gebäude mit seinen charakteristischen Türmen und dem Wald von Strebepfeilern und gotischen Spitzen immer mehr an, beim Näherkommen wird aus einem kompakten Gebirge ein differenziertes Gebäude. Man sollte den Dom nicht sofort betreten, sondern ihn erst einmal umschreiten. Portale, Skulpturen, Bronzetüren und der Domherrenfriedhof: es gibt viel zu entdecken und das Buch hilft dabei.

Auch für den Rundgang im Inneren kann der Besucher viele Informationen darin finden. Zuerst wird der gewaltige Raum beeindrucken. Noch immer gelingt es der jahrhundertealten Architektur, die Besucher in ihren Bann zu ziehen. Danach wird das Interesse an den Details erwachen und schließlich an der Ausstattung: der Schrein der Heiligen Drei Könige, der Altar der Stadtpatrone und die schönen Glasfenster. Zum Rundgang kann das Buch, das bewusst kein Kunstführer sein will, ein informativer aber unaufdringlicher Begleiter sein. Ich hoffe, daß viele Besucher es benutzen werden, um den Dom 'zu Fuß' erleben zu können.

Barbara Schock-Werner

Zwei bis drei Millionen Menschen besuchen jedes Jahr den Kölner Dom, der zu den großartigsten Kirchenbauten der Christenheit zählt. Voller Bewunderung schauen sie zu der glanzvollen Architektur empor. Die Westfassade mit dem Petersportal, das heute der Haupteingang ist (um 1370-1380), ist mit fast 7000 qm Fläche die größte Kirchenfassade, die jemals gebaut wurde.

Folgende Doppelseite:
Der Blick in den Innenraum zeigt das nördliche Querschiff mit dem Ausgang zum Bahnhof hin.

1 Der Innendom

Der Innendom

Während der Gottesdienste ist das Umherwandern in der Kathedrale nicht erwünscht. Größter Anziehungspunkt ist seit Jahrhunderten der kostbare Schrein (unten) der Heiligen Drei Könige, deren Gebeine 1164 als „geschenkte" Kriegsbeute von Kaiser Friedrich Barbarossa nach Köln kamen.

Auch 753 Jahre nach seiner Grundsteinlegung hat dieses gigantische, kühne und weltberühmte Bauwerk nichts von seiner Faszination eingebüßt. Der Kölner Dom gehört zu den großartigsten Kirchenbauten der gesamten Christenheit. Es müssen zwar jährlich mindestens 15 Millionen Mark für seine kosmetische Überholung von den Türmen bis zum Erdgeschoss bereit gestellt werden. Doch diese Investition ist gerechtfertigt angesichts seiner Popularität, die immer noch zwei bis drei Millionen Besucher im Jahr anzieht. An jene, die die fast 145 Meter lange Kathedrale nicht nur im Eilschritt durchqueren, sondern sie etwas näher kennen lernen wollen, richtet sich dieser kleine Führer mit einem Rundgang durch den Dom, einem Spaziergang um die Kirche herum, dem „sportlichen" Aufstieg des Südturms mit 509 Stufen bis zur Aussichtsplattform und mit einem Besuch der neuen Schatzkammer, die Reliquien aus dem Mittelalter, kostbare liturgische Geräte sowie glitzernde Schmuckstücke enthält, die zum Teil heute noch bei feierlichen Anlässen genutzt werden.

Der Innendom

Rundgang

Beim Betreten des Innenraums der Kathedrale empfängt den Besucher ein Gefühl unendlicher Weite und Höhe. 44 Meter über dem Kopf erfasst der Blick die Gewölbe, die von dünnen Säulen getragen werden. Das war im Mittelalter das Neue und Faszinierende, die Kühnheit und Leichtigkeit der spitzbogigen Steingewölbe, die die Baumasse tragen. Immerhin wurden im und am Dom nicht weniger als 200 000 Tonnen Rohmaterial verarbeitet. Wer bedenkt, mit welch technischem und planerischem Aufwand heute Großbauten hochgezogen werden, der kann nur voller Bewunderung für die mittelalterlichen Baumeister sein, die es ohne

Die Kühnheit und Leichtigkeit der spitzbogigen Steingewölbe, die die Baumasse tragen, war das Neue an der mittelalterlichen Architektur, die begeisterte. Der erste Dombaumeister Gerhard, der vor über 753 Jahren den Bauplan entwarf, war ein Genie. Ohne die heutige technische Hilfe baute er damals sozusagen aus dem Bauch die ideale Kathedrale nach dem goldenen Schnitt. Zur damaligen Zeit war es ein Mammutunternehmen. Immerhin wurden 200 000 Tonnen Rohmaterial verarbeitet.

1

Dieses ungewöhnliche Kruzifix (16. Jahrhundert), das „Triumpfkreuz-Gruppe" genannt wird, zeigt den gekreuzigten Christus, flankiert von Maria und seinem Lieblingsjünger Johannes. Die Skulpturengruppe hängt in der Nähe des Drei-Königen-Schreins. Sie gehört künstlerisch gesehen nicht zu den bedeutenden Werken im Dom, aber je nach Beleuchtung, mit den alten Glasmalereien im Hintergrund, zu den stimmungsvollen Anblicken.

Computer, Motorkräne und statische Berechnungen schafften, ein so gigantisches Bauwerk auf die Beine zu stellen. Die kühne Konstruktion trotzte nicht nur den Jahrhunderten, sondern auch mehr oder weniger dem Bombenhagel des zweiten Weltkrieges. Dabei hätte ein kleiner Rechenfehler genügt, und alles wäre zusammengebrochen, wie es des öfteren in Frankreich passiert war, dem Land, in dem der neue Baustil entwickelt worden war. Manch französischer Baumeister trieb es mit den Spitzbögen auf die Spitze. Berühmt wurde das Unglück von Beauvais 1284. Der Chor der Kirche fiel wie ein Kartenhaus zusammen. Doch der erste Kölner Dombaumeister Gerhard muss ein Genie gewesen sein. Er baute die ideale Kathedrale, die den neuen gotischen Stil zur Perfektion steigerte. Aus

der Grundsteinlegung 1248 machten kirchliche Würdenträger und Kölner ein großes Fest.

Die grandiosen Baupläne Gerhards begeisterten, beflügelten alle Beteiligten. Nie wieder hat Köln an einem einzigen Bau eine derartige Kumulation unterschiedlichster Künstler erlebt: Bildhauer schufen die 14 Chorpfeilerfiguren (am Ende des Mittelschiffs zu sehen), Maler schmückten das Steinwerk im Innern und die Altäre der sieben Chorkapellen, Glasmaler entwarfen Fenster in Größe und Farben, die alles Bisherige in den Schatten stellten. So wie der Chor der älteste Teil des Doms ist, sind es auch die Fenster (hinter dem Dreikönigenschrein), die zum großen Teil noch die Originale aus dem Jahr 1260 sind. Überhaupt gehören die Glasmalereien in der Kirche künstlerisch gesehen zu den Kostbarkeiten, auch die aus jüngerer Zeit. Während des zweiten Weltkrieges wurden die meisten Fenster ausgebaut und so vor der Zerstörung gerettet.

Den Gesamteindruck der Kathedrale wie Besucher ihn heute genießen können, hatten die Gläubigen des Mittelalters nicht. An dem Hauptraum wurde in fünf Bauepochen 615 Jahre gearbeitet. Selbst der Bau des Chors, mit dem man die Bautätigkeiten begann, war erst nach 74 Jahren vollendet. Eine 60 Meter hohe Wand trennte ihn nicht weniger als 541 Jahre lange nach Westen hin von der übrigen Baustelle. Generationen von Baumeistern kamen und gingen. Das Querhaus, die Türme wurden begonnen- und nicht fertiggestellt. Die Kölner hatten sich vor allem finanziell schlicht übernommen. 295 Jahre lang (von 1528 bis 1823) wurde der Dom zur berühmtesten Bauruine der Welt. Das

Die fünf großen sogenannten „Bayernfenster" gehören zum Hauptschmuck der südlichen Seitenschiffe. Gestiftet wurden sie 1842 von König Ludwig I. von Bayern aus Anlass der Grundsteinlegung zum Weiterbau der Kathedrale. Hergestellt wurde der Zyklus, der die Geschichte der Erlösung darstellt, in der Königlichen Anstalt für Glasmalerei in München. Bis heute zählen die Fenster sicherlich zu den qualitätsvollsten Werken der monumentalen Glasmalerei des 19. Jahrhunderts. Während des Zweiten Weltkrieges waren sie ausgelagert.

1

Diese Riesenskulptur des Christopherus von 3,73 Metern Höhe gehört zu den populären Kunstwerken des Doms. Vermutlich ist sie ein Werk des berühmten mittelalterlichen Bildhauers Meister Tilmann, der sie um 1470 gestaltete. Im Mittelalter glaubte man, dass ein täglicher Blick auf den heiligen Christopherus, vor einem jähen Tod bewahrt. Der Legende nach bat ihn das Christuskind, es durch einen Fluss zu tragen, was ihn fast überforderte. Denn mit dem Kind trug er die ganze Welt auf seinen Schultern.

änderte sich erst im 19. Jahrhundert, als eine neue Liebe zu der „gotisch Unvollendeten" mit einer neuen Volksbewegung entbrannte. 1842 ging es endlich weiter. Kölner, Könige, der Staat und viele Begeisterte spendeten Geld. Aus dieser Zeit stammen auch die sogenannten Bayernfester (rechts vom Eingang im südlichen Langhaus), die König Ludwig I. von Bayern stiftete. Im Gegensatz zum Mittelalter, das nur 5-6 Glasfarben kannte, wurden im 19. Jahrhundert bis zu 40 Farben verwand. Deshalb sind die Bayernfenster auch besonders farbenprächtig und leuchtend.

Der Rundgang geht weiter an den Bayernfestern vorbei zum südlichen Querhaus in dem der bemerkenswert große Schnitzaltar „Agilolphus" steht. Er wurde um 1520 in Antwerpen geschaffen, das damals als Zentrum solcher Arbeiten bekannt war. Im Mittelpunkt sind das Leben und die Passion Jesu in vollplastischen Szenen dargestellt. Da alles im und am Dom lange Zeit braucht, dauert die Restaurierung der Schnitzbilder aus Zeit- und Geldmangel schon mehrere Jahre. Links von dem Altar, an der Säule zum Eingang in den Chorumgang, blickt die mächtige Figur des Christopherus (3,73 m) die Besucher an. Sie wurde wahrscheinlich um 1470 von Meister Tilmann, einem Kölner Bildhauer, geschaffen. Im Mittelalter glaubte man, dass ein täglicher Blick auf den heiligen Christopherus vor jähem Tode bewahrte.

Gleich hinter den Gittern zum Chorumgang steht (rechts) das berühmteste Bild im Dom, der Altar der Stadtpatrone, gemalt von Stefan Lochner. Ursprünglich war der große Flügelaltar nicht für

Der Innendom

den Dom bestimmt, sondern der Rat der Stadt Köln hatte ihn um 1445 für seine Ratskapelle in Auftrag gegeben. Jahrhundertelang pflegten die Ratsmitglieder an diesem Altar eine Messe zu feiern, bevor sie in ihren Ratssitzungen zum Geschäftlichen übergingen. Ende des 18. Jahrhunderts erlosch dieser Brauch und der Altar, ein Meisterwerk der Kölner Malschule, wurde in den Dom gebracht. In Urkunden ist in den Jahren 1442-1451 Lochner mehrfach als vermögender Kölner und sogar als Ratsmitglied erwähnt. Es war naheliegend, dass er den großen Auftrag erhielt. Auf der Mitteltafel des Flügelaltars thront Maria vor einem mit Vögeln bestickten Vorhang, der von zwei lieblichen kleinen Engeln gehalten wird. Vor ihr knien die Heiligen Drei Könige und bringen Geschenke dar.

Der Altar der Stadtpatrone von Stephan Lochner (um 1445 entstanden) gehört zu den berühmtesten Kunstwerken im Dom. Der Rat der Stadt Köln hatte den Flügelaltar für seine Ratskapelle in Auftrag gegeben. Er zeigt auf dem Mittelbild den Jesusknaben auf dem Schoß seiner Mutter und die Anbetung der Heiligen Drei Könige. Erst Ende des 18. Jahrhunderts kam das Bild in den Dom, wo es bald große Berühmtheit erlangte.

Viel Prominenz lässt sich mit Sonderführungen durch den Dom begleiten. Früher, als Bonn noch Bundeshauptstadt war, geschah dies häufiger als heute. Der Grund, warum der Dom überhaupt gebaut wurde, war der Besitz der Reliquien der Heiligen Drei Könige. Bis heute ist der goldene, mit Edelsteinen verzierte Schrein (unten), der berühmteste Reliquiensarkophag des Abendlandes. Heftige Diskussionen, ob sie nicht den Blick in das Langhaus störe, gab es um die neue Schwalbennest-Orgel (rechts), die 1998 erbaut wurde. Sie wurde an Stahltrossen im Dachstuhl aufgehängt.

Überhaupt spielen die weisen Männer aus dem Morgenland in der Geschichte des Doms die Hauptrolle. So ist der Schrein der Heiligen Drei Könige mit ihren Gebeinen über dem Hochaltar das Kostbarste und Wichtigste, das der Dom beherbergt. Vom Chorumgang aus kann der Besucher die hervorragende Goldschmiedearbeit und die vielen Edelsteine aus der Nähe bewundern. Die irdischen Überreste dieser berühmten Gottesmänner, die Kaiser Friedrich Barbarossa im 12. Jahrhundert dem damaligen Kölner Erzbischof Reinald von Dassel schenkte, waren überhaupt der Auslöser für den Bau des Doms. Dass die Gebeine eigentlich von Barbarossa als Kriegsbeute nach der Zerstörung Mailands mitgenommen und verschenkt worden waren, schien die Kölner wenig gestört zu haben. Und die Frage, ob sie überhaupt echt waren, beunruhigte Erzbischof Reinald auch herzlich wenig. Ihm war nur ihre Symbolkraft wichtig: Wer die drei Könige besaß, besaß das christliche Königtum und wurde selbst zum Königmacher. Denn von da an reisten die deutschen Herrscher bis ins 16. Jahrhundert nach ihrer Krönung in Aachen nach Köln, um den Urkönigen ihre Gaben dazubringen und sich in ihrem Königtum bestätigen zu lassen. Doch vielleicht noch bedeutender war, dass die Reliquien der Weisen Köln mit einem Schlag zu einem Touristenzentrum machten. Neben Santiago de Compostela, Rom und Aachen wurde Köln zu einem berühmten Wallfahrtsort. In Erwartung des Gläubigenansturms wurde der Dreikönigenschrein, der größte und berühmteste Reliquiensarkophag des Abendlandes, angefertigt und erst dann begann man, den dazu passenden Dom zu errichten. Das größere und modernere gotische Gotteshaus wurde dem „Alten Dom", der an der selben Stelle stand, übergestülpt.

1

Reizvoll ist der Blick aus der Höhe in den Dom hinein. Er macht deutlich, wie grazil die Säulen wirken, die die tonnenschwere Last der gotischen, spitzbogigen Architektur tragen.

Außer bei Sonderführungen (möglichst mit Taschenlampe) ist im Chor auch das Chorgestühl nur durch die Gitter vom Chorumgang her zu sehen. Bis heute gilt das um 1308 entstandene Gestühl mit seinen 104 Sitzen als das größte und schönste in Deutschland. Seine Kuriosität liegt in den vielen geschnitzten Figuren, die eine lustig derbe Welt der Menschen und Dämonen darstellt, wilde Ausgeburten gotischer Phantasie. Sie fallen nicht gleich ins Auge, denn die gewagteren Szenen von Hurerei, Völlerei und Geiz, liegen unter den Sitzen der Domherren. Bis heute gilt die Vorschrift, dass das Chorgestühl in erster Linie den Mitgliedern des Domkapitels, einem Beratergremium des Erzbischofs oder Ehrengästen vorbehalten ist – oder der sprichwörtlich armen Kirchenmaus. Es gibt sie im Dom und zu ihren Lieblingsorten scheint das Chorgestühl zu gehören. Beinahe hätte auch die ehemali-

ge US-Außenministerin Madeleine Albright Bekanntschaft mit ihr gemacht, als sie bei einem Dombesuch im Chorgestühl platznehmen durfte. Just zu diesem Zeitpunkt kroch eine graue Maus aus dem Lüftungsschacht und trippelte auf den Choreingang zu. Die im Chorumgang wartenden amerikanischen Leibwächter sahen etwas hilflos die Gefahr auf ihren Schützling zukommen. Solche Zwischenfälle waren nicht in ihren Instruktionen vorgesehen. Wie würde Albright reagieren, schließlich war sie auch nur eine Frau. Doch die Maus rettete selber die Situation, in dem sie plötzlich kehrt machte und verschwand.

Zurück zum Chorumgang. Nicht unbeachtet werden sollte hier der Mosaikfußboden aus dem 19. Jahrhundert mit einer Fläche von 1350 Quadratmetern. Statt Marmor wie in der Antike, wurden Keramiksteine verwandt, die besonders strapazierfähig sein sollten. Für die Millionen Besucherfüße erweisen sie sich allerdings noch nicht unempfindlich genug.

Der Kölner Dom ist zwar ein Gotteshaus, aber gleichzeitig auch ein ausgedehnter Friedhof. Wie viele Tote in und unter der Kathedrale liegen, weiß keiner so genau. Genau registriert sind lediglich jene Toten, meist hohe Würdenträger, deren Grabskulpturen in den sieben Chorkapellen stehen. Frauen gehören zwar zu den treuesten Verfechterinnen katholischen Glaubens, trotzdem spielen sie in der Geschichte der Kirche und auch im Dom keine so große Rolle. Immerhin gibt es drei Damen blauen Geblüts, denen in den Chorkapellen zwischen den Gräbern berühmter Männer ein Gedenkplatz eingeräumt wurde: es sind (3. Chorkapelle von

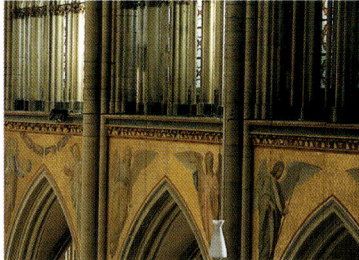

Auf Schönheit im Detail bis in hoch entlegene Darstellungen legten schon die Bauherren im Mittelalter wert. In den Zwickeln zwischen den Spitzbögen und dem Triforium ließen sie auf blattgold verziertem Grund Engel malen, die jedoch im 18. Jahrhundert übertüncht wurden. Mitte des 19. Jahrhunderts wurden sie wiederentdeckt und in Fresco-Technik restauriert. Manche Dom-Besucher haben ihre Lieblingsheiligen, vor denen sie Kerzen aufstellen (unten).

Die von Gläubigen am meisten verehrte Figur im Dom ist die Gnadenmadonna aus dem 18. Jahrhundert. Vor ihrer Vitrine im nördlichen Querhaus brennen immer Kerzenopfer. Viele, die sich mit ihren Flehgebeten von ihr erhört fühlten, spendeten Schmuck, Ketten, Ringe und Armbänder. Es sind keine wertvollen Geschmeide, aber anrührende Dinge von dankbaren Gläubigen. Weil ein Langfinger sich einmal an ihnen bereichern wollte und die Scheibe der Vitrine einschlug, werden Madonna und Gaben seitdem besonders gesichert.

rechts) die heilige Irmgardis von Süchteln (gestorben um 1085); Maria von Medici, Königin von Frankreich (4. Chorkapelle v.r. gestorben 1642), deren Herz hier begraben liegen soll. Nach neueren Erkenntnissen stimmt dies nicht, darum erinnert nur eine Gedenktafel an sie. Schließlich gibt es da noch Richeza, Königin von Polen, gestorben 1063 (aus Polen kommt noch heute jedes Jahr eine Abordnung an ihr Grab, 5. Chorkapelle v.r.).

Fast ein bisschen versteckt und leicht zu übersehen ist an der Nordseite des Chores die so genannte „Kapelle des Heiligen Kreuzes" mit dem Gero-Kreuz, ein überlebensgroßes Kruzifix, das um 969 in Köln geschnitzt wurde. Bis heute gilt es als die älteste erhaltene Großplastik des Abendlandes nach der Antike.

Nach Verlassen des Chorumgangs gelangt man im nördlichen Querhaus an eine weitere Kuriosität. In einer Vitrine steht die hochverehrte, mit viel Schmuck behängte Gnadenmadonna aus dem 18. Jahrhundert. Keiner kann sagen, warum sie zum Lieblingsobjekt der Gläubigen wurde. Viele, die sich mit ihren Flehgebeten erhört fühlen, spenden aus Dankbarkeit Ketten, Ringe, keine sehr wertvollen, aber anrührende Dinge. Vor Jahren hatte ein Langfinger die Scheibe eingeschlagen und lief mit dem Schmuck in seiner Aktentasche in die nächste Kneipe. Nach alkoholträchtiger Einkehr vergaß er seine Beute, ließ sie stehen und der Wirt schmiss die vermeintlich wertlose Aktentasche auf den Müll. Nüchtern geworden lief der Dieb zur Polizei, beichtete den missglückten Coup und der Schmuck konnte tatsächlich noch im Müll gefunden werden. Neben der Madonna hängen über der Tür zur Nordkapelle die Jahresstäbe, die einem alten Brauch fol-

Der Innendom

gend anzeigen, wie viele Jahre der derzeitige Erzbischof schon im Amt ist.

Am Ende des Rundgangs durch den Dom sind noch zwei Kunstwerke erwähnenswert: der Clarenaltar und die fünf prachtvollen Glasgemälde. Der Clarenaltar gilt bis heute als das größte Altarwerk des 14. Jahrhunderts, das nach langjähriger Restaurierung 1982 hier aufgestellt wurde. Bei geschlossenem Zustand sind auf den Außenseiten der Flügel die ältesten erhaltenen Leinwandgemälde zu sehen, ein paar Schritte zum Ausgang zu die fünf prachtvollen Renaissance-Fenster. Dank der hohen technischen Qualität ist der Zyklus, der unter anderem das Leiden Jesu, die Geburt Christi und die Krönung Mariens darstellt, bis heute gut erhalten.

Zum Schluss noch mal ein Blick zurück in das Gesamtkunstwerk Dom, das im Laufe seines Lebens sein Inneres immer wieder dem Zeitgeschmack unterwerfen musste. Die Mode der Welt geht auch an einem Gotteshaus nicht spurlos vorüber. Mindestens vier- oder fünfmal erhielt die Kathedrale innen ein neues Gesicht. Im 13. Jahrhundert leuchtete der Innenraum in bunten Farben, die jedoch bereits ein Jahrhundert später von einheitlichem Ocker übertüncht wurden. In der Zeit des Spätbarock brach die weiße Welle über den Dom herein. Die zweite weiße Welle kam 1997. Der damalige Dombaumeister Prof. Arnold Wolff (seine Nachfolgerin ist die erste Frau in dieser Position, Prof. Barbara Schock-Werner) ließ die 92 Gewölbe in einem gedeckten Weiß streichen und mit 360 goldenen Sternen verzieren – so einheitlich hell wirkte der Dom, der 1996 von der UNESCO zum Weltkulturerbe erklärt wurde, in seiner langen Lebensgeschichte noch nie.

Atemberaubend ist der Blick durch das lange gotische Mittelschiff mit einer Höhe von 44 Metern. Der Besucher kommt sich klein und unscheinbar vor angesichts der mächtigen Ausmaße der Kathedrale. Den Gesamteindruck des Doms, wie ihn Besucher heute genießen können, hatten die Gläubigen des Mittelalters nicht. An dem Hauptraum wurde 615 Jahre gearbeitet. Jahrhundertelang trennte eine 60 Meter hohe Wand den ersten fertigen Teil des Chores von der übrigen Baustelle.

2 Die neue Schatzkammer

Die neue Schatzkammer

Eine schlichte, moderne Goldstehle weist auf der Bahnhofseite auf den Eingang der neuen Schatzkammer des Doms hin. Nach fünfjähriger Bauzeit wurde sie im Jahr 2000 eröffnet. Der Besucher kann nicht nur Kostbarkeiten aus Gold und Edelsteinen besichtigen, er erlebt gleichzeitig den Reiz, sich zwischen römischen und mittelalterlichen Mauern zu bewegen.

Die Nummern im Text beziehen sich auf den Katalog der neuen Schatzkammer.

Am 21. Oktober 2000 wurde die neue Schatzkammer an der Nordseite des Doms (Bahnhofseite) nach fünfjähriger Bauzeit eröffnet. Anlass der Bauarbeiten war nicht, wie man meinen könnte, der Wunsch des Domkapitels, größere und repräsentativere Räume für die Kostbarkeiten der Kathedrale zu schaffen, sondern der Zwang, unterirdische Schäden an Mauern und Fundamenten zu beheben. Dies wurde zum Anlass genommen, nicht benutzte Räume und Gewölbe zu Ausstellungszwecken auszubauen. Das Ergebnis lohnt eine Besichtigung. Denn der Besucher kann nicht nur Kostbarkeiten aus Gold und Edelsteinen bewundern, er erlebt gleichzeitig den Reiz, sich zwischen römischem und mittelalterlichem Mauerwerk, zwischen Resten römischer Stadtmauer und gotischem Fundament des Doms zu bewegen. Wer will kann auch hier, ähnlich wie an anderen Stellen der Stadt, zehn Meter tief mit dem Fahrstuhl in die Römerzeit fahren. Die Schatzkammer liegt heute auf drei Ebenen, die Sammlung (Reliquien, liturgische Geräte, Insignien der Erzbischöfe, Messgewänder und mittelalterliche Handschriften, bedeutende Werke von der Spätantike bis zur Gegenwart) ist auf fünf Räume verteilt.

In seiner über 1000-jährigen Geschichte wuchs der Domschatz zu einem der bedeutendsten Kirchenschätze der Welt an. Vor allem die Übertragung der

Die neue Schatzkammer

Reliquien der Heiligen Drei Könige (1164) machten ihn mit einem Schlage weltberühmt. Der mittelalterliche Holzkern des Schreins (er wurde 1961-1973 erneuert) ist heute im Original in der Schatzkammer zu sehen (Katalog Nr. 163).

Der Schatz durchlebte im Laufe der Jahrhunderte Höhen und Tiefen, Glanzzeiten im Mittelalter, Plünderungen während der Besetzung Kölns durch französische Revolutionstruppen (1794) und während der Säkularisation (1803). Die Verluste waren groß. In die Schlagzeilen geriet er nochmals 1975 durch einen spektakulären Domschatzraub. Köln war geschockt und für die Ermittler stand fest, da waren keine kölschen Ganoven am Werk gewesen, denn die beklauen ihren Dom nicht. Es waren denn

Dem Himmel ein Stück näher: himmelblau wurde die Heilskammer gestrichen, in deren Mittelpunkt der prachtvolle Schrein (angefertigt um 1633) des heiligen Engelbert steht, der 1225 ermordet wurde. Die Silberreliefs schildern seine Lebensgeschichte. Er selbst ist majestätisch auf dem Schrein liegend (Seite 21/22) mit Hirtenstab und Mitra dargestellt.

Die Maßwerkgitter-Schränke, die um 1300 angefertigt wurden, enthalten identifizierte Reliquien, die in Stoffhüllen geborgen sind. Bis zum 19. Jahrhundert befanden sich die Schränke in der Sakristei, der heutigen Sakramentskapelle. Danach waren sie in den Turmhallen des Doms aufbewahrt worden.

auch in der Tat drei Auswärtige, die nach Monaten verhaftet wurden. Viele der kostbaren Schmuckstücke aus dem Raub hatten sie zerstört, Edelsteine aus Ringen und Monstranzen herausgebrochen. Einiges wurde im Nachhinein vom Domgoldschmied nach fotografischen Vorlagen neu geschaffen, darunter auch eine kostbar Monstranz, die heute in der Schatzkammer zu sehen ist. Eine inzwischen verstorbene, bekannte Kölner Goldschmiedin, Prof. Elisabeth Treskow, schenkte dem Dom als Reaktion auf den Schatzraub wunderschöne Schmuckstücke (Katalog Nr. 288).

Trotz all dem kann die Schatzkammer immer noch mit den wichtigsten Reliquien aufwarten und mit vielen kostbaren Objekten, die im Laufe der Jahrhunderte durch Stiftungen von Kaisern, Königen, Erzbi-

Die neue Schatzkammer

schöfen und hohen Geistlichen sowie einigen reichen Privatleuten die Kammern wieder füllten. Bis heute wächst der Domschatz durch Ankäufe und Stiftungen. Das jüngste Geschenk kam zur Eröffnung der neuen Schatzkammer vom derzeitigen Erzbischof von Köln, Kardinal Joachim Meisner. Es ist einer seiner Bischofsringe, geschmückt mit einer Porträtgemme des Kaisers Traian. (Katalog Nr. 133).

Mancher Besucher wird überrascht und vielleicht auch nachdenklich auf all die glänzenden Kirchen-Schätze in den Vitrinen blicken. Über den Zwiespalt zwischen christlichem Armutsideal und materieller Kostbarkeit der kirchlichen Schatzkunst wurde selbst unter der hohen Geistlichkeit schon im 12. Jahrhundert gestritten. Die Kritik ist bis heute nicht verstummt und hat im Laufe der Jahrhunderte oft Anlass für Zerstörung der Kirchenschätze aus ideologischen (Bilderstürme) oder materiellen Gründen (Enteignung, Verkäufe) gegeben. Doch bis heute führt die Kirche als Rechtfertigung an: durch die Anschauung der äußeren Schönheit werden die Gläubigen zur Erkenntnis immaterieller Schönheit geführt. Am Ende von allem steht, mehr vielleicht noch im Mittelalter als heute, die Hoffnung, durch materielle Stiftungen das ewige Leben zu erhalten. Für dieses Ziel konnte das verwendete Material nicht wertvoll, der künstlerische Anspruch nicht hoch genug sein, auch ein gewisses Prunkbedürfnis war erlaubt. Öffentlich zugänglich wurden die Domschätze erst vom 19. Jahrhundert an. Bis dahin waren Benutzung und Anblick mehr den Geistlichen vorbehalten, abgesehen von Reliquien, die bei Festgottesdiensten, Prozessionen oder Wallfahrten den Gläubigen zur Verehrung gezeigt wurden.

Ein reizvoller Ausblick auf ein Stück Dachlandschaft der Kathedrale ist aus der Heilskammer möglich, was den Bezug zu den Kostbarkeiten aus dem Dom verdeutlicht.
Der kleine Schrein (unten) enthält Reliquien von sechs Heiligen. Auf der kleinen Elfenbeindose ist die Kreuzigung Christi dargestellt. Das Medaillon gehörte ursprünglich als Verzierung zum Dreikönigenschrein. Nach der Restaurierung des Schreins 1807 wurde es dort nicht mehr verwendet.

Im dunkelen Gewölbe (rechts) kommen die angestrahlten Objekte besonders gut zur Geltung. Das Vortragekreuz (oben Nr. 80) gilt als eines der Hauptwerke der gotischen Goldschmiedekunst. Das untere Foto zeigt eine Reliquiensammlung aus dem 15. bis 18. Jahrhundert.

Ebenerdig, vom Eingang aus zu erreichen, ist die „Heiltumskammer". Himmelblau gestrichen (durch ein Fenster in der Decke kann man auch richtig in den Himmel blicken und auf ein Stück vom Dom), enthält sie die Hauptreliquien und die hölzernen Reliquienschränke aus der Zeit um 1300. Im Mittelpunkt glänzt der Schrein des Kölner Erzbischofs Engelbert (Katalog Nr. 38), der 1225 von seiner eigenen Familie ermordet wurde. Grund des mittelalterlichen Krimis: Engelbert wollte verhindern, dass seine Verwandten das kirchliche Vermögen an sich rissen. In diesen Schrein wurden seine Gebeine allerdings erst 1633 gelegt. In fast malerischer Pose ist Engelbert liegend auf seinem edlen Grab dargestellt, neben sich den Kurhut, Zeichen der weltlichen Herrschaft der Kölner Erzbischöfe. An den Schmalseiten zeigt der Schrein unter anderem die Anbetung der Heiligen Drei Könige, ein Motiv, das dem Besucher noch in vielen Variationen auf Monstranzen, Bischofsstäben, Kelchen und Messgewändern begegnen wird. Viele dieser Geräte werden heute noch in Gottesdiensten verwendet. Darum ist die Schatzkammer auch kein Museum im traditionellen Sinne.

In der eigentlichen Schatzkammer, ein paar Stufen tiefer gelegen, erwarten den Besucher in erleuchteten Vitrinen Höhepunkte gotischer, aber auch moderner Goldschmiedekunst. Die Anziehungskraft von Reliquien als Touristenattraktion scheint als Erster Erzbischof Bruno (gestorben 965) richtig eingeschätzt zu haben. Er brachte den Petrusstab (Katalog Nr. 5) und die eisernen Glieder der Kette, mit der Petrus gefesselt worden sein soll (Katalog Nr. 6), nach Köln. Bis zum Eintreffen der Dreikönigengebei-

In Glasvitrinen sind kostbare Ringe und Brustkreuze der Erzbischöfe von Köln ausgestellt. So auch das mit Edelsteinen und Perlen besetzte Kreuz von Kardinal Frings (Nr. 136). Zu den kostbarsten Dingen zählt die reich verzierte, goldene Prunkmonstranz (Nr.112), die bei einem Schatzraub 1975 teilweise zerstört wurde.

ne 1164, waren sie die bedeutendsten Reliquien des Kölner Domschatzes. Von der Petruskette, die in der römischen Kirche San Pietro in Vincoli aufbewahrt wird, wurden normalerweise nur kleine Partikel abgegeben und in Goldschmiedearbeiten gefasst vom Papst an Bischöfe verschenkt.

Mit Reliquien zum Erlass auch von Sünden betrieb die katholische Kirche einen schwunghaften Handel. Wobei ihre Echtheit nicht immer nachgewiesen werden konnte. Die bewusste Weitergabe von nur kleinen Mengen erhöhten Wert und Nachfrage. Deshalb war die Abgabe von drei Gliedern der Petrusfessel einzigartig und verwies auf die schon frühe wichtige Bedeutung der Kölner Kirche als „treueste Tochter Roms". Unscheinbar, aber nicht weniger wichtig genommen wurde auch eine andere Reliquie, die einen Eisennagel vom Kreuz Christi (Katalog Nr. 13) am unteren Ende des Stabes enthält.

Bereits um 1671 entstand ein Pilgerblatt (Katalog Nr. 23), in dem die verehrungswürdigsten Schätze des Kölner Doms verzeichnet waren. Als ein Vorläufer heutiger Poster konnten es Pilger, ebenso wie geweihte Medaillen und Pilgerzeichen als Andenken mit nach Hause nehmen in der Hoffnung, dass sie auch dort noch ihre Heilswirkung erweisen.

Dem Himmel ein Stück näher wähnten sich auch jene, die Knochenteile von Heiligen oder Märtyrern erwarben. So wurden für die Armknochen des hl. Sebastian (Katalog Nr. 16), sowie für Knochenteile des hl. Damian und des hl. Laurentius (Katalog Nr. 20) Ende des 19. Jahrhunderts zwei Monstranzen nach dem Vorbild jener für die Petrusfessel geschaffen.

Die neue Schatzkammer

Einer der Heiligen Drei Könige, nämlich Melchior, scheint nicht nur im Dreiköniginschrein zu liegen, er ist auch noch in der Schatzkammer des Doms vertreten. Der stehende Diakon (Katalog Nr. 17) hält in seinen Händen ein Zylinderreliquiar, das nach Inschrift Reliquien des Königs aus dem Morgenland enthält.

Eines der Hauptwerke der gotischen Goldschmiedekunst ist der Bischofsstab (Katalog Nr. 56), der um 1320 gefertigt worden sein soll, vermutlich für die Weihe des gotischen Domchores. Die Skulpturengruppe in der Krümme des Stabes und der prachtvoll in freier Bewegung emporsteigende Trageengel sind gute Beispiele für die herausragende Fertigkeit der Goldschmiede des 14. Jahrhunderts. Die Emailplättchen des Schaftes scheinen dagegen mit Arbeiten der Pariser Werkstätten verwandt. Kunsthistoriker schließen dadurch auf eine enge internationale Verflechtung der künstlerischen Zentren in Europa.

Kurios ist ein Vorsängerstab (Katalog Nr. 57), ein prächtiger Vorläufer der heute eher schlichten Dirigentenstäbe. Er war das Amtszeichen des Kantors, das unter anderem von ihm zur Vorgabe des Taktes diente. Auch hier begegnet man wieder der Figurengruppe mit der Anbetung der Heiligen Drei Könige.

An den Goldschmiedearbeiten lassen sich veränderte Stilepochen und wandelnder Geschmack ablesen. Als ein Beispiel des Rokoko ist die prachtvolle Monstranz (Katalog Nr. 102) mit dem Strahlenkranz anzusehen. Die Räuber des Domschatzes brachen 1975 einige der kostbarsten, edelsteinbesetzten

Um 1450 entstand das Bergkristallschaugefäß (Nr.78), das Dornenreliquien enthält. Die kostbare Kette, mit Edelsteinen und Email geschmückt, wurde 1657 vom Kölner Erzbischof Maximilian Heinrich gestiftet. Auch sie wurde bei dem Schatzraub 1975 teilweise zerstört und später wieder hergestellt.

Eine Sammlung von Altarkreuzen aus dem 17. Jahrhundert (rechts) macht die hohe Schnitzkunst aus Elfenbein deutlich (Nr.86-90). Von höchster Qualität sind auch die Goldschmiedearbeiten an den liturgischen Geräten (unten).

Teile heraus. Aus dem zurückerhaltenen Schmuck konnte sie wieder hergestellt werden. Ein Opfer des Domschatzraubes wurde auch die Prunkmonstranz (Katalog Nr. 112) aus dem 17. Jahrhundert. Sie wurde weitgehend zerstört, konnte jedoch anhand von Fotografien in den Jahren 1978-87 rekonstruiert werden. So prangt sie heute wieder im Schmuck von Edelsteinen, Halbedelsteinen, Perlen und Email. Die Diebe nahmen nur das Beste und zerstörten auch den Anhänger einer Kette mit Diamanten und Amethysten. Auch diese Kette wurde originalgetreu restauriert.

Kostbare Schmuckstücke, meist aus dem 19. und 20. Jahrhundert, stammen auch aus den Nachlässen vieler Erzbischöfe und Weihbischöfe. Brustkreuz und Ring erhält ein Bischof bei seiner Weihe und sie gehören zu seiner Alltagskleidung und können jederzeit unabhängig von liturgischen Amtshandlungen getragen werden. Besonders schönen Schmuck trug der an sich bescheidene und in Köln sehr beliebte Kardinal Frings, der 1969 starb (Katalog Nr. 123, 136, 137). Zum goldenen Priesterjubiläum schenkte ihm Bundeskanzler Konrad Adenauer, selbst gläubiger Katholik, einen Ring mit einer byzantinischen Goldmünze (Katalog Nr. 129). Auch in der Wahl seines Bischofsstabes, den er sich anfertigen ließ, zeigte Frings exquisiten Geschmack und Gefallen an schlichten, modernen Formen.

Einige der kostbarsten Schmuckstücke werden heute immer noch vom Kardinal bei der Fronleichnamsprozession getragen. So auch Kreuz und Ring, die 1826 von König Friedrich Wilhelm III. dem Dom geschenkt wurden. Sie sollen aus dem Besitz

Glänzender Mittelpunkt im Paramentenraum ist der Schrein des heiligen Kölner Bischofs Agilolfus (Nr.286), dessen Gebeine 1062 zunächst in eine andere Stiftskirche überführt worden waren. Im Hintergrund sind die Dreikönigs- und die Petrusfahne zu sehen.

der Kaiserin Maria Theresia stammen und sind reich mit Brillanten und Smaragden besetzt. Kardinal Frings soll nach der Prozession, wenn die Geschmeide wieder in die Schatzkammer zurückgelegt wurden, immer gesagt haben: „Jetzt wird der Christbaum geplündert."

Unscheinbar und leicht zu übersehen ist ein Stoff-Fragment im Untergeschoss, das von größter Bedeutung für die Legitimation der Gebeine der Heiligen Drei Könige ist (Katalog Nr. 165). Jüngere Untersuchungen des Internationalen Forschungszentrums für alte Textilien in Lyon haben ergeben, dass die Seide zwischen dem zweiten und vierten Jahrhundert im syrischen Palmyra hergestellt wor-

Die neue Schatzkammer

den ist. Selbst wenn die Gebeine der Heiligen nicht „echt" sein sollten, zumindest ist der Stoff, der sie umhüllt an sich schon eine Rarität.

Eine Rarität unter den im selben Raum ausgestellten Paramenten sind die 44 Teile, Gewänder, Mitren, bekannt unter dem Begriff „Capella Clementina" (Katalog Nr. 219-234). Kurfürst und Erzbischof Clemens August ließ sie 1742 zur Krönung seines Bruders in Frankfurt, Kaiser Karl VII., anfertigen. Die Bestellung ging nach Paris, wo jenerzeit die besten Stickarbeiten ausgeführt wurden. Zahlreiche Sticker waren damit beschäftigt, die tausenden von Gold- und Silberfäden zu verarbeiten.

Ein Blick noch ins Lapidarium zeigt einige der mittelalterlichen Skulpturen aus dem Domdepot. Leicht zu übersehen ist der Bibliotheksraum, in dem alte Handschriften ausgestellt sind. Wegen ihrer Lichtempfindlichkeit ist der Raum dunkel gehalten.

Im Hinausgehen entdeckt man in einer Vitrine noch zwei sehr weltlich aussehende Objekte: es sind die Werkzeuge, die den Weiterbau des Doms symbolisieren. König Friedrich Wilhelm IV. von Preußen nahm sie bei der Grundsteinlegung 1842 in die Hand. Wirklich verwendet zu haben scheint er sie nicht. Denn sie sehen noch wie neu aus.

Öffnungszeiten der Schatzkammer:
täglich 10 – 17 Uhr. Eintrittspreise 6 DM /3,07 €, ermäßigt 3 DM /1,53 €.
Führungen Dienstag 11 Uhr, Donnerstag 12 Uhr oder nach Vereinbarung.

Dieses Messgewand (Nr. 227) wurde von Kurfürst Clemens August 1742 während einer Krönungsmesse in Frankfurt getragen. Er ließ es in Frankreich anfertigen. Im Lapidarium (unten) sind lebensgroße und kleinere Originalskulpturen aus dem 14. Jahrhundert ausgestellt, die wegen Umweltschäden am Dom abgenommen und durch Kopien ersetzt werden mussten.

(Nächste Seite) Blick nach Westen auf den Rhein mit der Hohenzollernbrücke.

3 | Die Südturm-Besteigung

3

Die Südturm-Besteigung

Die beiden Türme des Doms sehen zwar wie Zwillinge aus, aber kleine Unterschiede gibt es doch. Der Südturm ist sieben Zentimeter kleiner als der Nordturm und mit seinem Bau wurde 150 Jahre früher begonnen als mit dem seines Bruders. Fertig gestellt wurde er jedoch auch erst Jahrhunderte später. Über 500 Jahre war der Südturm nur ein Torso mit einem Kran auf seinem provisorischen Dach. 509 Stufen führen im Südturm hinauf auf die Aussichtsplattform der Kathedrale.

Nur Mut, die 509 Stufen sind zwar eine sportliche Herausforderung und man bekommt auch leicht einen Drehwurm, weil sich die schmale Treppe spiralenförmig nach oben schraubt, aber die Besichtigung der Glockenstube lohnt sich und erst recht der weite Blick in 97 Metern Höhe über Köln. Nichts ist so bekannt vom Dom, wie der Glockenturm. Man betritt den Südturm rechts durch den Haupteingang. Die Eintrittskarten sind an der Kasse zu lösen, an der auch Bücher, Poster und Dias erstanden werden können.

Der Südturm ist übrigens sieben Zentimeter kleiner als sein Zwillingsbruder, der Nordturm. Dafür ist mit seiner Errichtung 150 Jahre früher angefangen worden, was man ihm allerdings nicht ansieht. Sein Grundstein wurde um 1360 gelegt, der seines Bruders erst Anfang des 16. Jahrhunderts. Außerdem war der Südturm schon berühmt, als der Nordturm noch in den Kinderschuhen steckte. Als um 1528 alle Bautätigkeiten eingestellt wurden, erlangte der knapp 57 Meter hohe Torso des Südturms weltweite Popularität. Über 500 Jahre war der Turm mit seinem alles überragenden Kran das Wahrzeichen der Stadt, ein beliebtes Sujet für Maler und Dichter.

Den Kletterer wird der poetische Aspekt des Südturms kaum interessieren. Er wird ins Schnaufen

Die Südturm-Besteigung 3

geraten, ihn zwingt der Turm in die Knie und zum Luftschnappen. Die mittelalterliche Wendeltreppe führt ihn an drei verschlossenen Türen vorbei (die dahinter liegenden 27 Meter hohen Hallen, die wie eigene Kirchen wirken, bekommt er leider nicht zu sehen) in die Glockenstube, in der acht große Glocken hängen. Schon im Mittelalter waren die Glocken des Doms berühmt. Drei davon sind noch erhalten: die Pretiosa (10 Tonnen schwer mit dem Kammerton g), die Speciosa (5,6 t) und die Dreikönigenglocke (3,8 t). Auch Glocken in gottgefälliger Umgebung sind in Kriegszeiten nicht geschützt vor räuberischen Händen. Die Kaiserglocke von 1874 wurde im ersten Weltkrieg eingeschmolzen und zu Geschützen umgegossen. Doch im Jahr 1923 ließ das Domkapitel Ersatz gießen, die 24 Tonnen schwere Petersglocke. Bis heute ist sie die größte schwingende Glocke der Welt.

Nun wird sich mancher fragen, wie sie in die luftige Höhe gelangte. Dieses Transportproblem hatten die mittelalterlichen Bauherren bereits berücksichtigt. In der Mitte einer jeden Turmhalle ist ein großes Loch, abgedeckt mit einem Schlussstein, der je nach Bedarf weggenommen werden kann. Mit einem Flaschenzug lassen sich vom Dominnern her alle möglichen Dinge hochziehen, Figuren, Leitern und eben auch Glocken. Die Petersglocke mit ihrem tiefen c-Ton erklingt nur am Vorabend großer kirchlicher Feste und beim Tode eines Papstes oder Erzbischofs.

Ergänzt werden die Glockentöne durch vier weitere Glocken. Alle zusammen machten das Domgeläut deshalb berühmt, weil der C-Dur-Akkord von Petersglocke und Pretiosa eine Melodie untermalt,

Alles am und im Dom ist groß, so auch der Glockenstuhl im zweiten Obergeschoss des Südturms. Schon im Mittelalter waren die Glocken berühmt wegen ihres harmonischen Klangs. Die 1923 angefertigte Petersglocke ist mit einem Gewicht von 24 t bis heute die größte schwingende Glocke der Welt. Die Petersglocke, die die Kölner wegen ihres tiefen C-Klangs besonders lieben, wird nur an Vorabenden großer kirchlicher Feste oder beim Tod eines Papstes oder Erzbischofs geläutet.

Von der Aussichtsplattform sind die romanische Kirche Groß St. Martin und der Rhein mit der Severinsbrücke zu sehen. Klein wie Ameisen erscheinen Passanten tief unten auf der Domplatte, mächtig dagegen Wasserspeier (rechts), denen man ein Stück näher gerückt ist.

die von den übrigen Glocken erzeugt wird. Früher mussten jedes Mal für ein Vollgeläut der Domglocken 52 starke Männer bis zur Glockenstube hinaufklettern und sich in die Seile hängen. 1909 schaffte das Domkapitel endlich eine elektrische Läutmaschine an, die auf Knopfdruck reagierte. Eine Erleichterung für alle Beteiligten.

Von der Glockenstube aus geht es weiter über 95 Stufen der Wendeltreppe hinauf in die achteckige offene Turmhalle des 4. Geschosses. – Das Stufenzählen ist noch nicht beendet. Denn hier beginnt eine Eisentreppe mit 135 Stufen, die frei in einem 24 Meter hohen Raum steht. Die unverglasten, aber vergitterten Maßwerkfenster ermöglichen eindrucksvolle Ausblicke. Weil Lebensmüde sich des öfteren vom Südturm gestürzt hatten, war im Laufe der Jahre da oben fast alles vergittert worden. Nur die Eisentreppe hatte man zunächst ausgespart. Doch als sich 1987 auch von dort jemand versuchte runterzustürzen, erhielt auch sie Schutzgitter.

Weiter geht's. Nachdem der Kletterer den Schlussstein des Sterngewölbes durchstiegen hat, steht er unter dem 50 Meter hohen Maßwerkhelm. Eine letzte Anstrengung – und die letzten elf Stufen führen endlich zum Ziel aller Mühe, auf die Aussichtsplattform in 97,25 Metern Höhe.
Ganz Köln liegt dem müden Wanderer zu Füßen. Eine ausgiebige Verschnaufpause sei ihm gegönnt, bevor der Abstieg beginnt.

4 Die Dom-Umgebung

Schöne, handwerklich gut gemachte Details sind an den Bronzeflügeltüren der drei Portale am Haupteingang zu bewundern, wie dieser Löwenring aus Bronze und der Türgriff, ein Mischwesen darstellend. Die Türen wurden 1887-90 entworfen und weisen auf den kommenden Jugendstil hin.

(Vorige Doppelseite) Blick vom Rheingarten auf den Dom und das Museum Ludwig.

Die Dom-Umgebung

Wer sich vor dem Dom, etwa an der Westseite am Haupteingang oder an der Kreuzblume verabredet, sollte besser keinen Hut aufsetzen. Am Dom zieht es immer, was nur im Hochsommer angenehm ist. Der Besucher bekommt mit den ständig herrschenden Aufwinden geradezu körperlich die Auswirkungen der imposant hohen Kathedrale von über 157 Metern zu spüren. Amüsant anzusehen ist der oft hilflose und vergebliche Versuch vieler Touristen, vor allem Japaner, die Kathedrale in ganzer Größe mit der Linse einzufangen. Das geht nur von einem weit entfernten Standpunkt, etwa vom Kölnischen Stadtmuseum aus. Doch welcher Fremde weiss das schon.

Eine Ahnung davon, dass selbst Details am Dom alle Normen sprengen, vermittelt die originale Nachbildung einer der zwei Kreuzblumen der Türme mit ihren 9,50 Metern Höhe. Das Original wurde 1880 als Symbol der Fertigstellung des Doms nach 632 Jahren Bauzeit als Krönung auf den Turmhelm des Südturms gesetzt. Kunstästheten ist das auf Popularität getrimmte Betonmodell vor dem Dom seit seiner Aufstellung im Jahr 1991 ein Dorn im Auge. Doch Touristen und Kölner haben die Kreuzblume zum beliebten Treffpunkt erkoren, ebenso wie das wenige Schritte entfernt stehende Nordtor der römischen Stadtmauer, das 1969 zurück auf seinen Ursprungsstandort gestellt wurde. In der darunter liegenden Tiefgarage sind weitere römische Mauerreste erhalten und zu sehen.

Die Westfassade (Haupteingang) des Domes ist mit fast 7000 Quadratmetern Fläche die größte Kirchenfassade, die jemals gebaut wurde. Begonnen wurde mit den Arbeiten um 1360, zeitgleich mit denen am Südturm (rechts). Doch es dauerte auch hier wieder Jahrhunderte, bis das anspruchsvolle Werk vollendet war. Relativ klein wirken die drei reich mit Figuren verzierten Portale, die die ansonsten geschlossen wirkende Fassade durchbrechen. Nur das rechte Portal, das „Petersportal" (gebaut um 1370-1380), stammt mit seinem Figurenschmuck von Heiligen und Propheten noch aus dem Mittelalter. Einige Figuren mussten allerdings wegen starker Witterungsschäden durch Kopien ersetzt werden. Die Originale stehen heute in der neuen Schatzkammer. Die meisten Figuren der drei Portale stammen aus dem 19. Jahrhundert, wahrscheinlich vier am linken Portal aus der Nachkriegszeit. Die Bronzetürflügel (1887-90) aller drei Portale weisen mit ihrer den neugotischen Naturalismus überwindenden Stilisierung bereits auf den kommenden Jugendstil hin.

Stichwort zweiter Weltkrieg. Natürlich blieb auch der Dom nicht verschont. 14 Fliegerbomben ließen Gewölbe und Fenster einstürzen. 1943 traf eine Luftmine den Strebepfeiler des Nordturms (links) und riss ein für die Statik gefährlich tiefes Loch, das sofort repariert werden musste. 27 500 Ziegelsteine waren notwendig, um es zu schließen. Seit 1989 bemüht sich die Dombauhütte den Pfeiler originalgetreu wieder herzustellen, was an den hellen Stei-

Alle Skulpturen an der Außenfassade, die hell sind, wurden in den vergangenen Jahren neu gearbeitet. Die meist stark durch Umweltverschmutzungen angegriffenen Originale mussten durch Kopien ersetzt werden. In den ersten Jahren ihrer Entstehung sah die gesamte Kathedrale hell aus. Um sie vor Verschmierungen zu bewahren, wurde an der Südseite ein Gitter errichtet. Die helle Kardinalsfigur (unten) ist ein Wetterhahn.

Reizvoll ist der Blick von außen in den Innenhof der Dombauhütte, in der meist Fialenteile oder kopierte Skulpturen stehen, die gegen die durch Umwelteinflüsse geschädigten Teile am Dom ausgewechselt werden. Die Dombauhütte ist seit dem Mittelalter das Herz der Kathedrale. Ständig sind rund 100 Mitarbeiter (Steinmetze, Bildhauer, Schlosser, Glaser, Dachdecker, Zimmerleute, Gerüstebauer) damit beschäftigt, zerstörte Bauteile zu ersetzen, zu reparieren.

nen deutlich abzulesen ist. Es gab in der Stadt lange Diskussionen um die Kriegswunde, die viele als Mahnmal erhalten sehen wollten. Doch der Dombaumeister, der seine Aufgabe in der Restaurierung der Kathedrale nach ihren Originalplänen sieht, wird die Kriegswunde weiter ausbessern.

Eigentlich wird ständig am Dom ausgebessert und repariert. Der Blick hinauf bleibt am Nordturm (links) an einem 30 Meter hohen Gerüst hängen. Seine Hängekonstruktion wurde speziell für den Dom entwickelt, um keine zerbrechlichen Architekturteile zu gefährden. Außerdem wurde das Gerüst aus leichtem Aluminium gefertigt, damit es für Reparaturzwecke auch an anderen Fassadenteilen angebracht werden kann. Ohne Gerüst wird man den Dom in den nächsten Jahrzehnten kaum erleben können.

Der Spaziergang rund um den Dom führt rechts am Domhotel vorbei auf den Roncalliplatz zur Südfassade. Ihr Bau war zwar noch im Mittelalter vorgesehen und das Fundament auch gelegt worden, doch dann wurde die Südfassade wie alles Opfer des jahrhundertelangen Baustopps. Erst 1842 legten der protestantische König Friedrich Wilhelm IV., der Romantiker auf dem Thron, und Erzbischof Johannes von Geissel über dem Fundament der Fassade den Grundstein zum Weiterbau der Kathedrale. Und diesmal ging es schneller, denn die Vollendung der Kathedrale war zu einer nationalen Bewegung voller Begeisterung geworden. 1855 wurde die Südfront vollendet. Die 70 Meter hohe Südfassade gilt als eine der bedeutendsten und künstlerisch vollkommensten Werke der Neugotik.

Die Dom-Umgebung

Doch hohes künstlerisches Niveau bewahrte trotzdem viele der Skulpturen, Fialen und Wimperge nicht davor, dass sie durch Luftverschmutzungen verwitterten, angefressen wurden und erneuert werden mussten. Mehr als 12 Skulpturen mussten abgebaut und durch Kopien ersetzt werden. Überall dort, wo helle Skulpturen und Architekturteile am Dom zu sehen sind, wurde bereits restauriert. So hell und schön waren früher alle Bauteile am Dom. Der Gigant muss in seiner Jugend leuchtend und freundlich ausgesehen haben. Mehr noch, der Chor (ältester Bauabschnitt), war sogar bunt angemalt. Wäre die Kathedrale planmäßig im Mittelalter fertig geworden, hätte vielleicht im Mittelpunkt der Stadt ein farbenprächtiger Dom gestanden und kein schwarzes, von Umweltschäden bedrohtes Steingebirge wie heute.

Von Passanten wenig beachtet ist der Domherrenfriedhof (unten) der 1926 angelegt wurde und auf dem 48 Domherren begraben liegen. Ein farbenfrohes Ereignis sind Prozessionen mit Priestern und Messdienern an hohen Feiertagen.

Doch dem Dom droht auch von Menschenhand immer wieder Gefahr. Gerade die Südfassade wurde mehrmals mit Graffitis beschmiert (der Roncalliplatz ist beliebter Übungsort von Rollerskatern, die jede Erhöhung als Absprungschanze missbrauchen). Am schlimmsten traf es die künstlerisch bedeutenden Bronzeportale des Bildhauers Ewald Mataré, die er nach dem Krieg schuf. Sie mussten mit Spezialmitteln gereinigt und restauriert werden. Um die Portale zu schützen, wurden 1995 Gitter aufgestellt, an deren Spitzen witzige Details zu sehen sind, auch ein vergoldeter Bischof (links), der sich als Wetterhahn dreht.

Der Spaziergang führt weiter an dem offenen Hof der Steinbauhütte (rechts liegt das Römisch-Germanische Museum) vorbei. Dass Passanten den

Diese Skulptur des heiligen St. Georg gehört zu den zehn lebensgroßen Figuren an der Südquerhausfassade (seitlich des Römisch-Germanischen Museums), die wegen ihrer hellen Farbe auffallen. Es sind Kopien aus jüngster Zeit. Die Originale mussten wegen Steinschäden abgebaut werden. Georg war ein Ritter aus Kleinasien, der 303 wegen seines Christseins enthauptet wurde. Er gilt als Helfer in Schlachten und ist der Patron vieler Städte.

Steinmetzen teilweise bei der Arbeit von oben zusehen können, ist erst seit 1970 möglich, seit der Umgestaltung der ganzen Domplatte. Die Dombauhütte (zur Zeit geleitet von Dombaumeisterin Prof. Barbara Schock-Werner) ist seit dem Mittelalter das Herz des Doms, das ihn am Leben hält. Hütte und Dombauverwaltung mit ihren um die 100 Mitarbeitern (Steinmetze, Bildhauer, Schlosser, Glasmaler, Dachdecker, Installateure, Anstreicher, Zimmerleute, Gerüstbauer, Lehrlinge und Putzfrauen, die mit dem Staubsauger dem irdischen Dreck in den Ecken des Doms den Garaus machen) sorgen dafür, dass zerstörte Bauteile ersetzt, Dächer und Rinnen erneuert, Wand- und Glasgemälde restauriert und alle gefährdeten Bauteile in Ordnung gehalten werden. Die Rettungsarbeiten werden immer dringender. Denn Eisendübel, mit denen Einzelteile der vielen Fialen, Wimperge und Kreuzblumen untereinander verbunden sind, beginnen zu rosten und drohen die Steine zu sprengen.

Sehr eitel dürfen Steinmetze und Bildhauer nicht sein. Denn was sie mühevoll aus Stein hauen, entschwindet in luftige Höhen an entlegene Stellen, wo kaum ein Mensch je hinkommt. Viele der Steinmetze stammen aus Familien, die schon seit Generationen den Dom als Arbeitgeber haben. Die Älteren vertreten die Philosophie: „Es reicht, wenn der liebe Gott alles sieht." Die Jüngeren bauen da lieber auf den Segen moderner Technik: „Es gibt doch Teleobjektive".

Nach dem Krieg, zwischen 1952 und 1972 genossen Steinmetze die Freiheit, verwitterte Figuren durch Skulpturen ihrer Fantasie zu ersetzen – ein-

Die Dom-Umgebung

zige Bedingung, sie mussten sich harmonisch in das Gesamtbild des Figurenprogramms einfügen. So ahnt der Betrachter, wenn er von unten hochschaut nicht, welch bunte Welt sich dort oben tummelt: Fußballer, Hunde, Tanzmariechen, Fledermäuse, Heilige und Trinker. Doch mit diesen Scherzen ist es längst vorbei. Heute muss sich jeder wieder an die Vorlagen der Originale halten.

Weiter führt der Weg in Richtung Bahnhof, vorbei an dem Domherrenfriedhof (Bild Seite 45), der 1926 mit einer Gruft unter der Erde angelegt wurde. 48 Domherren liegen dort begraben. Doch das eigentlich Bedeutende auf dem Gelände sind die drei Säulenbasen (11.Jht.) und die 5,80 Meter hohe rote Annosäule, aus dem Ostatrium des „Alten Doms", die älter als der gotische Dom sind. Im Laufe der Jahrhunderte fand sie mehrere Antiquitätenliebhaber und landete sogar eine zeitlang auf der Terrasse des benachbarten Café Reichard. Ihren jetzigen Standort bezog sie 1981.

Schließlich stehen wir vor der Nordfassade (Bahnhofsseite), die von allen Bahnreisenden gleich bei ihrer Ankunft durch die Glasfront des Bahnhofausgangs gesehen wird. Fertig gestellt wurde auch diese Fassade, stilgetreu angepasst an ihre Schwestern mit reichem Skulpturenschmuck, erst im 19. Jahrhundert. Mehr noch als die anderen Fassaden litt sie schon früh unter Witterungs- und später unter Kriegsschäden. Zwischen 1962 bis 1980 wurde sie ganz restauriert.

Vielleicht noch ein paar Sätze zur gesamten Domumgebung. Im Mittelalter stand der Dom nicht frei

Der Platz vor dem Dom ist beliebter Treffpunkt, auch für Künstler und Einzelgänger. Nirgendwo in der Stadt erreichen sie mehr Aufmerksamkeit für ihre Shows als hier, wo Millionen Besucher an ihnen vorbeiflanieren.

So stabil und mächtig der Dom auch aussieht, in Wirklichkeit ist er wie ein hilfloses Kind, das ständig beschützt und gepflegt werden muss. Mitarbeiter der Dombauhütte haben einen krisensicheren Arbeitsplatz. Der Dom wird immer eine Baustelle bleiben. Und er wird immer ein gehätscheltes Kind der Andenkenindustrie sein. Es gibt ihn in tausendfacher Ausführung, schön und kitschig. Wer will, kann ihn auch als Briefbeschwerer in Schneeflocken mit nach Hause tragen.

wie heute, sondern er war dicht von Gebäuden umgeben. Um die Mühen der Steinmetze nicht zu verschwenden, wurden die Seitenfronten in Häuserhöhe deshalb schlicht gehalten, der Figurenschmuck begann erst höher, wo man ihn sehen konnte. Erst im 19. Jahrhundert wurden alle alten Gebäude um den Dom herum abgebrochen. Grünanlagen entstanden, auf einer Seite wurde Erde abgetragen, auf der anderen Seite aufgeschüttet, so dass der Dom, dem damaligen Geschmack entsprechend, als monumentale Architektur auf einem Hügel stand. Doch eine ruhige Standortinsel wurde dies nicht, eher eine umbrandete Verkehrsinsel. In den 60er bis 80er Jahren wurde wieder über eine neue Umgebungsgestaltung nachgedacht und es entstand die Domplatte, wie sie heute zu sehen ist. Erstmals kann der Fußgänger ganz nah um den Dom herumgehen. Doch auch diese Lösung erscheint vor allem an der Bahnhofsseite nicht ideal. Zur Zeit wird eine nochmalige Umgestaltung der Nordseite überlegt.

So mächtig, überwältigend und stabil der Dom auch aussieht, in Wirklichkeit ist er wie ein hilfloses Kind, das ständig beschützt und gepflegt werden muss. Die Mitarbeiter der Dombauhütte haben vermutlich den krisensichersten Arbeitsplatz in dieser Stadt. Sie verdanken ihn den mittelalterlichen Baumeistern, die anfälliges, poröses Baumaterial nahmen. Sie hätten es besser wissen müssen, denn die romanischen Kirchen sind in ihrer Baumasse robuster. Der Dom wird also weiter eine Baustelle bleiben. Bis in alle Ewigkeit? Ein gern zitierter Ausspruch der Kölner lautet: „Wenn der Dom fertig ist, geht die Welt unter."